D0582199

VOTRE AVENIR

LA CHIROMANCIE

David V. Barrett

HURTUBISE

HMH

© 1995 Hurtubise HMH
POUR L'ÉDITION EN LANGUE FRANÇAISE AU CANADA

DÉPÔTS LÉGAUX
B. N. DU CANADA ET B. N. DU QUÉBEC
MARS 1996

IMPRIMÉ PAR IMAGO HONG KONG

ISBN 2-89428-139-0

TRADUIT DE L'ANGLAIS
PAR LILIANE CHARRIER

DK

L'édition originale de cet ouvrage
a été publiée en 1995 sous le titre de
The Predictions Library – Palmistry
par Dorling Kindersley

SOMMAIRE

INTRODUCTION
À LA CHIROMANCIE

VOTRE MAIN REFLÈTE L'HISTOIRE DE VOTRE VIE.
LA PAUME PEUT RÉVÉLER DES CHOSES SURPRENANTES
ET PERTINENTES SUR VOTRE PERSONNALITÉ :
ÉDUCATION, ATOUTS ET FAIBLESSES, PAR EXEMPLE.

Les chiromanciens examinent l'ensemble de la main, y compris le dos et le bout des doigts. L'anthropologue britannique Francis Galton (1822-1911) fut le premier à étudier les empreintes digitales ; aujourd'hui essentielles au travail de la police, elles peuvent être considérées comme un aspect pratique de la chiromancie.

Chaque paume est unique ; il n'existe pas deux mains exactement identiques. Pour les chiromanciens, la forme, la texture, la couleur et, surtout, les lignes (ou incisures) des mains sont l'empreinte, ou la topographie, de la vie de leur propriétaire.

La diseuse de bonne aventure traditionnelle prédit l'avenir, vous

LA BONNE AVENTURE DANS LA MAIN

PARIS DELARUE LIBRAIRE EDITEUR

CHIROMANCIE MAGIQUE
La chiromancie a souvent été considérée comme un art occulte. Or, les chiromanciens modernes appliquent une approche beaucoup plus scientifique que ce manuel datant du début du siècle.

annonce que vous serez riche ou que vous aurez beaucoup d'enfants, par exemple. L'art de lire l'avenir dans la main est appelé la chiromancie. Toutefois, nombreux sont les spécialistes qui se concentrent plutôt sur le déchiffrage du caractère, autrement dit la chirognomonie.

Jadis, dans les civilisations orientales, les mains étaient également considérées comme une image de l'état de santé du consultant. Récemment, certains médecins occidentaux ont commencé à admettre que certaines pathologies se décèlent dans la paume. Voilà qui apporte de l'eau au moulin des chiromanciens, qui persistent à affirmer que la vie se reflète dans la main.

On oublie que les lignes de la main, y compris les plus marquées, ne cessent de changer au fil des années. Les lignes mineures apparaissent et disparaissent, s'affirment ou se fondent dans la paume. Des ruptures se créent ou se comblent. Parallèlement, votre personnalité se développe, votre santé s'améliore ou se détériore. Les lignes de vos mains changent pour refléter ces évolutions.

MESURAGE
Voici des siècles que l'on analyse différentes parties du corps. Cette illustration de 1886 représente un examen phrénologique. La phrénologie étudie le caractère d'après la taille et la forme du crâne ; bosses et creux étaient tous mesurés et interprétés.

Comme tous les autres arts divinatoires, la chiromancie ne prédit pas un avenir figé. Vos mains révèlent peut-être certains traits de caractère, indices et possibilités, mais c'est toujours à vous qu'il incombe de profiter de ce que la vie vous offre et d'en tirer le meilleur parti.

HISTOIRE
DE LA CHIROMANCIE

AU FIL DES SIÈCLES, LA RÉPUTATION DE
LA CHIROMANCIE N'A CESSÉ D'OSCILLER ENTRE
LES EXTRÊMES, TANTÔT CONSIDÉRÉE COMME UNE ÉTUDE
SÉRIEUSE ET SCIENTIFIQUE, TANTÔT COMME
UNE SUPERSTITION SPECTACULAIRE ET RIDICULE.

La chiromancie jouit d'une tradition millénaire. Probablement originaire de Chine ou d'Inde, elle est déjà mentionnée dans les écritures hindoues et dans l'Ancien Testament ; et pratiquée au Moyen-Orient antique ainsi que dans la Grèce et la Rome classiques. Sa condamnation par l'Église chrétienne n'eut que peu d'effet sur sa pratique.

Aux temps des Croisades (1096-1291), les lettrés européens, dont des érudits en matière d'ésotérisme, s'imprégnèrent fortement de la pensée arabe médiévale, elle-même en partie inspirée des croyances égyptiennes antiques. En Europe occidentale, au cours des XVIᵉ et XVIIᵉ siècles, philosophes, médecins, théologiens, astrologues et alchimistes hermétiques ajoutèrent la

LA CHAIRE DE CHEIRO
*Ce portrait de Cheiro date de 1895.
Il vulgarisa la chiromancie au
XIXᵉ siècle, mais ne contribua
pas à relever sa réputation.*

INTERPRÉTATION DES SIGNES
*Réalisée par Johann Hartlieb, cette illustration,
intitulée* Die Kunst Ciromantia *(1475), offre une représentation
graphique des petits signes sur la paume, indiquant leurs effets
sur le caractère et l'avenir du consultant.*

chiromancie à leurs talents. Les Tziganes et les Gitans contribuèrent aussi à la fascination exercée par la divination, en lisant les lignes de la main, les cartes de Tarot et les feuilles de thé.

Au XIXe siècle, la chiromancie foraine continua à se propager. Le comte Louis Hamon, plus connu sous le nom de Cheiro (v. 1860-1936), en fut le plus illustre spécialiste. Ses prédictions avaient la réputation d'être étonnamment pertinentes. Il annonça la liaison du roi d'Angleterre Édouard VIII, et son abdication, cinq ans avant les faits. À cette époque, de nombreux érudits français et anglais entreprirent également des travaux scientifiques sérieux, qui scrvirent ultérieurement de fondement aux études menées par les psychologues européens et américains au cours du XXe siècle. Nombreux sont les chiromanciens contemporains qui considèrent leur art comme une science régie par des règles fondées et clairement définies. Il n'en reste pas moins que la chiromancie conserve encore bien souvent un goût de « bonne aventure ».

MAIN DROITE
ET MAIN GAUCHE

UN BON CHIROMANCIEN LIT LES DEUX MAINS.
IL EN DÉDUIT VOTRE PERSONNALITÉ ACTUELLE,
VOTRE POINT DE DÉPART DANS LA VIE
ET LA FAÇON DONT VOTRE CARACTÈRE
S'EST DÉVELOPPÉ.

C hez les droitiers, la main
gauche représente les
conditions du départ dans la
vie, tandis que la droite est
censée révéler ce qu'elles
sont devenues.
Chez les gauchers, la situation
est inversée.

Afin d'éviter les confusions,
la main droite pour les
droitiers, ou la
gauche pour
les gauchers,

MAIN GAUCHE
*Si vous êtes droitier,
votre main gauche
révèle l'influence de
votre famille sur votre
vie. Certains
chiromanciens décèlent
des indices de l'état de santé
des parents du consultant en
examinant sa main gauche.*

est parfois appelée main dominante ou active, tandis que l'autre est la main passive.

～ ⊙ ～

Pour rechercher les influences familiales profondes, le chiromancien doit examiner la main passive.
Les lignes de la main dominante, en revanche, indiquent la façon dont vous avez évolué à partir de ces influences. D'autres préfèrent considérer la main passive comme l'expression de la personnalité profonde et secrète, et la main dominante comme le reflet de l'impression que vous donnez extérieurement.

～ ⊙ ～

En comparant attentivement vos deux mains, le chiromancien peut déterminer si vous avez su exploiter vos talents inhérents, ou si vous êtes en train de les gaspiller.
Cet examen comparatif permet aussi de voir si vous compensez une éventuelle timidité naturelle par une confiance en vous et un entrain apparents, ou, au contraire, si le manque d'assurance dont vous souffrez est justifié.

MAIN DROITE
Si vous êtes droitier, votre main droite exprimera plutôt les événements subis – maladie grave ou rupture affective traumatisante. Elle révèle aussi ce que vous faites de votre vie.

POSITION ET COULEUR

AVANT MÊME D'EXAMINER LES LIGNES DE VOTRE PAUME,
LE CHIROMANCIEN S'EST DÉJÀ FAIT UNE IDÉE
DE VOTRE PERSONNALITÉ EN ÉTUDIANT LA FAÇON
DONT VOUS TENEZ VOS MAINS, LEUR TEXTURE
ET LEUR COULEUR.

Le vocabulaire quotidien regorge d'expressions telles que « avoir le cœur sur la main » ou « une main de fer dans un gant de velours ». Une simple poignée de main peut s'avérer très révélatrice : le geste est-il ferme ou doux, souple ou mou ? La paume est-elle sèche ou moite ? Certains chiromanciens vous demanderont de serrer leurs doigts de toutes vos forces, pour mieux juger de votre force physique et de votre volonté. Pendant la consultation, ils vont également manipuler votre main. Une main souple est signe d'adaptabilité

COULEUR DE LA MAIN

La couleur de la paume peut s'avérer un bon indicateur de santé. Très pâles, comme sur la photo ci-contre, les mains révèlent une tendance à l'anémie. Une paume très rouge peut indiquer une hypertension ou une tendance diabétique. Si la peau de la main apparaît bleuâtre, le consultant peut souffrir de problèmes de circulation, – ou tout simplement du froid. Une paume normale et saine se distingue par sa couleur rose.

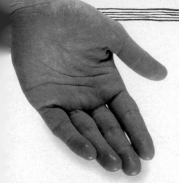

douée de sens pratique, tandis qu'une texture fine peut exprimer la sensibilité.

~◇~

La couleur de la paume et des ongles constitue un très bon indicateur de santé. Des ongles très rouges révèlent un tempérament passionné, alors que la blancheur des ongles est considérée comme un signe d'égoïsme. Dans l'idéal, les ongles devraient être à peu près de la même couleur que la paume.

MAIN FERMÉE
Souvent naturellement refermée, la main peut révéler une personne introvertie ou refoulée, plutôt tendue.

tandis qu'une main raide indique une personnalité obstinée.

~◇~

La texture de la peau a aussi son importance. Une structure grossière peut révéler une personne

MAIN OUVERTE
Une main naturellement ouverte appartient en général à une personnalité « ouverte ». Ces personnes sont de tendance équilibrée, honnête et généreuse ; leurs rapports avec la vie, avec leur entourage, sont détendus.

FORMES TRADITIONNELLES

DE NOMBREUX CHIROMANCIENS UTILISENT
ENCORE LA CLASSIFICATION TRADITIONNELLE
EN SEPT FORMES DE MAINS POUR DÉFINIR
LES GRANDS TYPES DE PERSONNALITÉ.

ÉLÉMENTAIRE

CARRÉE

PSYCHIQUE

Les sept formes traditionnelles – élémentaire, carrée, psychique, conique, philosophique, spatulée et mixte – ont été définies par Casimir d'Arpentigny (1789-1865), chiromancien français du XIXe siècle. Les traits de caractère associés à ces différentes formes reflètent la pensée sociologique du XIXe siècle.

La main élémentaire est solide et trapue. La paume est carrée et les doigts sont courts. L'aspect global est grossier. Les lignes sont en général rares et profondes. Cette main dénote une personnalité stable et prévisible – au XIXe siècle, elle pouvait appartenir à un travailleur manuel.

La paume de la main carrée est aussi large que longue. Les doigts sont rectilignes, et leur extrémité carrée. Cette morphologie indique une personnalité méthodique, pratique et douée pour les travaux

CONIQUE   **PHILO-SOPHIQUE**   **EN SPATULE**   **MIXTE**

manuels, mais pouvant aussi faire un ingénieur ou un gestionnaire.

La main psychique est une version allongée de la main conique, avec les doigts pointus. Elle révèle une personnalité intuitive, spirituelle et hypersensible.

La main conique est un attribut très répandu chez les femmes. La base de la paume et l'extrémité des doigts ont tendance à être légèrement fuselées ; la peau est fine. Cette main exprime sensibilité et créativité.

La main philosophique est longue. Grands et osseux, les doigts présentent des articulations « noueuses ». Cette main est celle d'une personne réfléchie. Bien que les doigts noueux soient une caractéristique distinctive de la

main philosophique, on les rencontre sur d'autres mains.

La main spatulée possède des doigts, notamment ceux du milieu, aux extrémités épaisses. Elle dénote une personnalité énergique, active, créative et pratique. Elle peut appartenir à un athlète ou à un inventeur, quelle que soit la nature de son activité.

La main mixte est un mélange des caractéristiques des autres formes ; la paume peut être propre à une certaine forme de main, tandis que les doigts relèvent d'une autre catégorie. Les personnes aux mains mixtes présenteront une personnalité alliant des traits de caractère appartenant à diverses autres morphologies. Adaptables, elles se distinguent aussi par la diversité de leurs talents.

FORMES DES MAINS ET ÉLÉMENTS

CERTAINS CHIROMANCIENS MODERNES PRÉFÈRENT UTILISER UNE NOUVELLE CLASSIFICATION, FONDÉE SUR LES QUATRE ÉLÉMENTS TRADITIONNELS ET ÉSOTÉRIQUES : LA TERRE, L'AIR, LE FEU ET L'EAU.

LA TERRE

La main de Terre se distingue par une paume carrée et des doigts courts. Elle correspond au type traditionnel carré. Elle possède peu de lignes qui sont profondes. Elle dénote une personnalité pratique, et matérialiste. Fiable et doué d'une grande force de caractère, le sujet n'hésite pas à prendre des risques et peut se révéler obstiné. Il se plaît dans la routine, l'ordre et la sécurité.

L'AIR

La main d'Air possède une paume carrée aux longs doigts. Elle correspond au type traditionnel conique. Elle dénote intelligence et sens de la communication. D'une nature curieuse, leurs propriétaires sont avides de connaissance. D'un caractère changeant, ils manquent de patience si leurs interlocuteurs raisonnent moins vite qu'eux. Ils se laissent dominer par leur intellect, au risque d'avoir du mal à exprimer leurs sentiments.

LE FEU

Les mains de Feu ont des paumes rectangulaires et des doigts courts, correspondant à la forme traditionnelle spatulée. Elles appartiennent à des personnes énergiques et ambitieuses. Ces personnes intelligentes sont sociables et pleines d'entrain. Elles sont efficaces, mais parfois trop impulsives voire agressives pour être fiables. Lorsqu'elles entreprennent un projet, elles ont tendance à y investir toute leur énergie, au risque de s'épuiser.

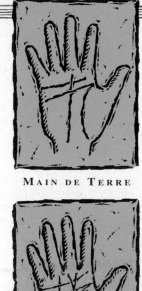

MAIN DE TERRE

MAIN D'AIR

MAIN DE FEU

MAIN D'EAU

L'EAU

La main d'Eau a des paumes rectangulaires et de longs doigts. Elle correspond au type psychique traditionnel. On la reconnaît aux nombreuses lignes fines qui sillonnent la paume.

Elle révèle des personnalités intuitives et sensibles, ouvertes aux sentiments des autres mais susceptibles. Intelligentes et créatives, ces personnes sont introverties, calmes et réfléchies ; elles ont tendance à se perdre dans leurs rêveries et à se laisser emporter par leur imagination.

LES ONGLES

LA FORME DES ONGLES, COMME CELLE DES MAINS,
PEUT RÉVÉLER DIFFÉRENTS TRAITS DE CARACTÈRE.
LES ONGLES PEUVENT AIDER À DÉTERMINER
L'ÉTAT DE SANTÉ ET L'ALIMENTATION DU CONSULTANT,
AINSI QUE SA VULNÉRABILITÉ FACE AU STRESS.

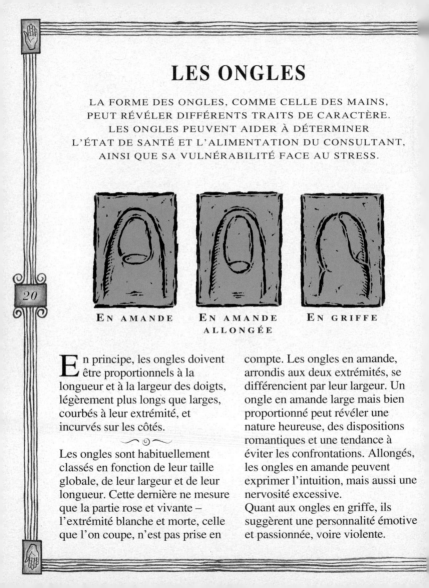

EN AMANDE **EN AMANDE ALLONGÉE** **EN GRIFFE**

En principe, les ongles doivent être proportionnels à la longueur et à la largeur des doigts, légèrement plus longs que larges, courbés à leur extrémité, et incurvés sur les côtés.

Les ongles sont habituellement classés en fonction de leur taille globale, de leur largeur et de leur longueur. Cette dernière ne mesure que la partie rose et vivante – l'extrémité blanche et morte, celle que l'on coupe, n'est pas prise en compte. Les ongles en amande, arrondis aux deux extrémités, se différencient par leur largeur. Un ongle en amande large mais bien proportionné peut révéler une nature heureuse, des dispositions romantiques et une tendance à éviter les confrontations. Allongés, les ongles en amande peuvent exprimer l'intuition, mais aussi une nervosité excessive.

Quant aux ongles en griffe, ils suggèrent une personnalité émotive et passionnée, voire violente.

LARGE   **TRÈS ÉTROIT**   **COURT ET CARRÉ**   **CARRÉ**

Des ongles grands et larges peuvent signaler une nature emportée, tandis que, petits et larges, ils indiquent souvent l'intolérance et la critique à l'égard des autres. Les ongles en éventail, plus larges à l'extrémité qu'à la base, dénotent souvent une personne très émotive.

Longs et étroits, les ongles trahissent la sensibilité de leur propriétaire. Très longs, toutefois, ils peuvent refléter une personnalité névrosée.

Courts et carrés, les ongles expriment une nature obstinée et peu ouverte. Des ongles carrés, notamment si la base est aussi carrée, montrent en général un caractère pratique et stable.

Les stries transversales signalent un éventuel problème nutritionnel ou un grave choc nerveux.

Les stries longitudinales sont symptomatiques d'une tension nerveuse. Elles peuvent aussi révéler des rhumatismes ou une hyperactivité thyroïdienne. Si les ongles sont cassants, c'est peut-être que l'on souffre d'une hypoactivité de la thyroïde. Les ongles mous trahissent en général un régime alimentaire déséquilibré – manque de calcium ou de protéines, par exemple.

Les ongles de la même couleur que la paume sont un bon signe. Très rouges, ils peuvent marquer un tempérament de feu, mais aussi l'hypertension. (*On trouvera page 45, au chapitre « Santé », d'autres indications portant sur les rapports entre état de santé et couleur des ongles.*) Les indices signalant d'éventuels problèmes de santé disparaissent en principe dès la guérison.

LES DOIGTS ET LE POUCE

LES DOIGTS ET LE POUCE CONSTITUENT
DE BONS INDICATEURS DE LA PERSONNALITÉ.
LEUR ÉTUDE PERMET AU CHIROMANCIEN D'IDENTIFIER
LES DOMAINES DE LA VIE DANS LESQUELS
ON EST PLUS OU MOINS PERFORMANT.

CARRÉ **POINTU** **CONIQUE** **SPATULÉ**

Chaque doigt correspond à une planète, donc à un dieu : l'index (Jupiter), le majeur (Saturne), l'annulaire (Apollon) et le petit doigt ou auriculaire (Mercure). Quant au pouce, il est associé à Vénus.

À chaque doigt correspond un certain nombre d'attributs, et plus le doigt est long, plus ces caractéristiques seront prononcées.
L'index représente l'ambition et des qualités de meneur, tandis que

le majeur est lié à la justice et à la moralité.
L'annulaire est révélateur du subconscient et de la créativité.
L'auriculaire représente la communication et l'expression de la personnalité.

On distingue quatre types de doigt fondamentaux : carré, pointu, conique et spatulé. Des doigts carrés révèlent un grand bon sens et une mentalité conventionnelle, tandis que les doigts pointus peuvent trahir la sensibilité et le

manque de sens pratique.
Coniques, les doigts expriment la
spontanéité et une tendance à
l'incohérence. Quant aux doigts
spatulés, ils indiquent
l'enthousiasme et l'esprit
d'entreprise.

~ ⊘ ~

Le pouce représente la force
de caractère.
Un pouce large est parfois le signe
d'une nature dominante, tandis
qu'un pouce court peut indiquer
un manque de volonté.
Un pouce plaqué exprime la
détermination et l'inflexibilité,
tandis qu'un pouce écarté dénote
un esprit ouvert et honnête, ainsi
qu'une certaine impulsivité.

~ ⊘ ~

Les phalanges sont les éléments
constitutifs du doigt.
La phalange supérieure dite
phalangette, onglée, symbolise
le mental. La phalange centrale,
dite phalangine, est associée au
pratique et la phalange inférieure,
dite phalange, au matériel.
La phalange supérieure du pouce
révèle la volonté, et celle du bas
la faculté de raisonnement.
Une phalange nettement plus
longue ou plus courte que les
autres du même doigt signifie
que les qualités qu'elle représente
sont exacerbées ou font défaut.

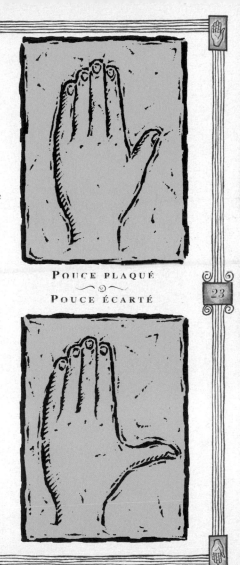

POUCE PLAQUÉ
~ ⊘ ~
POUCE ÉCARTÉ

LES MONTS

IL EST ESSENTIEL D'ÉTUDIER LES CARACTÉRISTIQUES
DES DOIGTS PAR RAPPORT AUX PETITS MONTICULES
SE DESSINANT SUR LA PAUME, À LA BASE
DE CHAQUE DOIGT. CES MONTS DÉTERMINENT
ÉGALEMENT LA PLACE DES LIGNES DANS LA MAIN.

Le mont de Vénus est le coussinet charnu et allongé à la base du pouce, là où ce dernier rejoint la paume. Il est révélateur de la place accordée à l'amour, à la sensualité et à la beauté.

～ ⊙ ～

Le mont de Jupiter se situe sous l'index. Il reflète les qualités de meneur, la fierté personnelle et le succès matériel. Un mont de Jupiter très marqué peut trahir un amour excessif du pouvoir.

～ ⊙ ～

Le mont de Saturne se trouve à la base du majeur. Il représente le sérieux et le sens des responsabilités.

～ ⊙ ～

Le mont d'Apollon est placé près de l'annulaire. Il correspond à la créativité, au sens artistique, et permet de déterminer si vous êtes satisfait de votre vie. Quant au mont de Mercure, il ponctue la jointure de l'auriculaire, et révèle le sens de la communication ainsi que l'attitude vis-à-vis des émotions et du changement.

～ ⊙ ～

Le coussinet charnu se trouvant en bas de la paume, du côté de la tranche (ou percussion), à l'opposé du mont de Vénus, est appelé mont Lunaire, ou mont de la Lune. Il exprime le subconscient. S'il est très développé, il peut refléter un romantisme excessif.

～ ⊙ ～

Certains monts, tels les monts de Jupiter et de Mars, sont difficiles à localiser. Le mont de Neptune se situe entre les monts de la Lune et de Vénus. Le mont de Mars actif, dit thénar, s'étend entre la base du pouce et celle de l'index, tandis que le mont de Mars passif, dit hypothénar, se trouve au milieu de la percussion, entre les monts de Mercure et de la Lune.

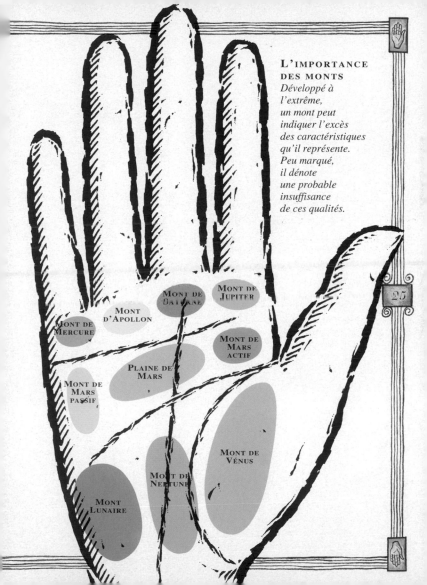

L'IMPORTANCE DES MONTS
Développé à l'extrême, un mont peut indiquer l'excès des caractéristiques qu'il représente. Peu marqué, il dénote une probable insuffisance de ces qualités.

MONT DE SATURNE

MONT DE JUPITER

MONT D'APOLLON

MONT DE MERCURE

MONT DE MARS ACTIF

PLAINE DE MARS

MONT DE MARS PASSIF

MONT DE VÉNUS

MONT DE NEPTUNE

MONT LUNAIRE

LES ZONES
DE LA MAIN

LES DIFFÉRENTES ZONES DE LA MAIN
CORRESPONDENT À DIFFÉRENTES APPROCHES
DE LA VIE, RÉVÉLANT L'ÉQUILIBRE ENTRE LA RAISON,
L'INTELLECT, LES INSTINCTS ET L'INTUITION.

Certains chiromanciens divisent la main en quatre zones. Tout d'abord, séparez verticalement la paume en deux parties : le côté de la percussion reflète la part de l'inconscient et de l'instinct dans votre personnalité, tandis que la zone du pouce représente les aspects conscients, rationnels ou logiques de votre caractère. Puis tracez une ligne horizontale partant juste au-dessus de la jointure du pouce pour diviser la paume en une partie supérieure – correspondant au mental – et une partie inférieure – liée au physique.

~ 0 ~

D'autres chiromanciens optent aussi pour une partition en neuf zones. Tout d'abord, localisez trois bandes verticales en traçant des traits partant de part et d'autre du majeur. La zone passive du subconscient s'étend en dessous de l'auriculaire et de l'annulaire,

tandis que la zone active du conscient se situe sous l'index et le pouce. Ces deux zones sont séparées par une zone d'équilibre. Puis divisez la paume horizontalement en trois bandes suivant l'alignement des monts. La zone supérieure, qui correspond aux sentiments et au conscient, comprend les quatre monts à la base des doigts. La zone inférieure, celle des instincts et de l'inconscient, renferme les monts de la Lune et de Vénus. Entre les deux se dessine une zone d'équilibre comprenant les deux monts et la plaine de Mars.

~ 0 ~

Quelle que soit la méthode employée pour diviser la main, le coin inférieur du côté de la tranche est toujours lié au subconscient, tandis que le coin supérieur, juste sous l'index, correspond toujours au conscient.

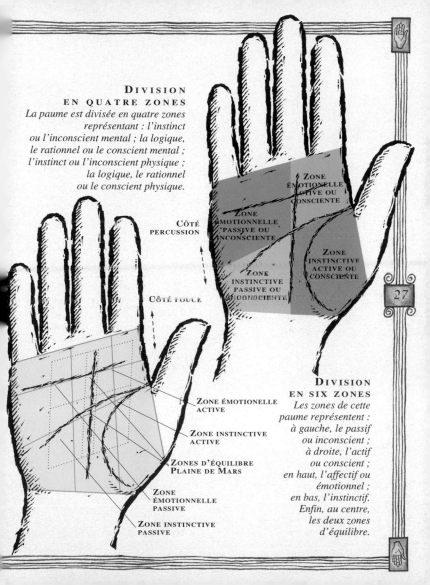

DIVISION EN QUATRE ZONES
La paume est divisée en quatre zones représentant : l'instinct ou l'inconscient mental ; la logique, le rationnel ou le conscient mental ; l'instinct ou l'inconscient physique ; la logique, le rationnel ou le conscient physique.

CÔTÉ PERCUSSION

CÔTÉ POUCE

ZONE ÉMOTIONELLE ACTIVE OU CONSCIENTE

ZONE ÉMOTIONELLE PASSIVE OU INCONSCIENTE

ZONE INSTINCTIVE ACTIVE OU CONSCIENTE

ZONE INSTINCTIVE PASSIVE OU INCONSCIENTE

ZONE ÉMOTIONELLE ACTIVE

ZONE INSTINCTIVE ACTIVE

ZONES D'ÉQUILIBRE PLAINE DE MARS

ZONE ÉMOTIONNELLE PASSIVE

ZONE INSTINCTIVE PASSIVE

DIVISION EN SIX ZONES
Les zones de cette paume représentent : à gauche, le passif ou inconscient ; à droite, l'actif ou conscient ; en haut, l'affectif ou émotionnel ; en bas, l'instinctif. Enfin, au centre, les deux zones d'équilibre.

LA LIGNE DE VIE

LA LIGNE DE VIE, OU LIGNE VITALE, EST LA COURBE QUI
ENTOURE LE MONT DE LA BASE DU POUCE. LE TRACÉ,
LA DIRECTION, LA PROFONDEUR DE CETTE LIGNE,
AINSI QUE TOUT SIGNE OU RUPTURE,
SONT PLUS IMPORTANTS QUE SA LONGUEUR.

C ontrairement aux idées
reçues, la ligne de Vie ne
reflète pas la durée de la vie :
une ligne de Vie courte ou cassée
ne signifie en aucun cas une mort
précoce. La ligne de Vie reflète
l'intensité de votre vie, non pas
sa longueur.

La profondeur et la netteté de la
ligne de Vie revêtent une
importance cruciale. Une ligne
profonde et bien nette implique
moins de problèmes qu'une ligne
faiblement dessinée à la direction
incertaine. Cette conclusion
s'applique tant à votre santé qu'à

votre résistance aux pressions
quotidiennes. Une ligne forte et
profonde révèle un battant face à
la maladie, tandis qu'une ligne
moins prononcée trahit une plus
grande vulnérabilité. Profonde et

COURBE SERRÉE
*Une ligne de Vie
étroitement incurvée et
proche du pouce
suggère le refoulement
et l'inhibition. Si le
mont de Vénus est petit,
il s'agit probablement
d'une personnalité
centrée sur elle-même.*

LA LIGNE
DE VIE
DÉCRIT UNE
COURBE
SERRÉE AUTOUR
DU POUCE

MONT
DE VÉNUS
ÉTROIT

rouge, la ligne de Vie suggère que ces qualités de battant risquent de se muer en agressivité.

～◎～

La ligne de Vie commence entre le pouce et l'index, au milieu, et part souvent du même point que la ligne de Tête. Pour de nombreux spécialistes, le point où se séparent la ligne de Vie et la ligne de Tête correspond au moment où vous avez pris votre indépendance par rapport à votre famille. Si les deux lignes ne se confondent pas du tout, ou si elles se séparent très tôt, on peut en déduire que vous avez toujours été indépendant, même dans votre enfance. On décèle parfois une deuxième ligne de Vie, une sorte d'« ombre », moins prononcée, qui indique une protection supplémentaire. Une ligne de Vie déviant vers le mont Lunaire reflète une nature agitée. Cette ligne est aussi révélatrice de la santé : les îles et les cassures indiquent des périodes de faiblesse et des perturbations.

LA LIGNE DE VIE DÉCRIT UNE LARGE COURBE AUTOUR DU MONT DE VÉNUS

COURBE AMPLE
Si votre ligne de Vie décrit une courbe ample, vous avez probablement une personnalité chaleureuse et vous appréciez l'aspect sensuel de la vie. La ligne de Vie contourne le mont de Vénus, expression des émotions et de la sexualité.

MONT DE LA LUNE

LA LIGNE DE CŒUR

LA LIGNE DE CŒUR EST LA PLUS HAUTE
DES DEUX LIGNES À PEU PRÈS HORIZONTALES
DE LA PARTIE SUPÉRIEURE DE LA PAUME.
ELLE EST RÉVÉLATRICE TANT DE L'ÉTAT PHYSIQUE
DU CŒUR QUE DES SENTIMENTS.

Comme pour toutes les incisures, la profondeur et la fermeté de la ligne de Cœur sont importantes, de même sa position et sa direction. Bien marquée, elle dénote la sécurité et l'assurance affective. Faible, elle reflète une personnalité manquant de confiance en soi sur le plan affectif, ce qui se traduit par des difficultés à nouer des relations.

Un large écart entre la base des doigts et la ligne de Cœur indique une nature bonne et généreuse : vous tenez compte des autres et vous vous en préoccupez. Proche de la base des doigts, cette ligne exprime un intérêt limité pour autrui, voire une personnalité égoïste et calculatrice. Il importe aussi d'observer la distance entre la ligne de Cœur et la ligne de Vie, située dessous. Si l'écart est grand, la personne est

LA LIGNE DE CŒUR ABOUTIT À LA BASE DE L'INDEX

AFFAIRES DE CŒUR
*Si elle rejoint la base de l'index,
la ligne de Cœur montre que
vous êtes loyal et possessif.
Si elle aboutit sur le mont d'Apollon,
vous êtes peut-être irréaliste
et idéaliste en amour.*

30

ouverte d'esprit, tandis qu'un écart étroit suggère l'égoïsme et le respect des conventions.

~ ❡ ~

La ligne de Cœur traduit également la nature amoureuse. Si elle est courbée vers le haut, vous avez tendance à adopter une attitude physique et terre-à-terre vis-à-vis de la sexualité. Si elle est droite, le sujet est romantique et use d'imagination dans le domaine sexuel.

Une ligne de Cœur incurvée suggère une nature sexuelle active et dominante, tandis qu'une incisure droite reflète un rôle plus passif et réceptif.

~ ❡ ~

Bien que le phénomène soit rare, la ligne de Cœur est parfois courbée vers le bas, coupant la ligne de Tête et la ligne de Vie. Cette particularité est considérée comme le stigmate d'une blessure affective profonde dans le passé.

EXTRÉMITÉ DE LA LIGNE DE CŒUR
Si elle se termine entre l'index et le majeur, la ligne de Cœur peut révéler une personnalité chaleureuse, mais néanmoins raisonnable et réaliste à l'égard des relations affectives.

LA LIGNE DE CŒUR ABOUTIT ENTRE L'INDEX ET LE MAJEUR

LA LIGNE DE TÊTE
ET LA LIGNE SIMIENNE

LA LIGNE DE TÊTE EST LA PLUS BASSE
DES DEUX LIGNES À PEU PRÈS HORIZONTALES
DE LA PARTIE SUPÉRIEURE DE LA PAUME.
ELLE REFLÈTE L'INTELLIGENCE ET L'ATTITUDE
FACE AUX PROBLÈMES INTELLECTUELS.

La ligne de Tête se confond souvent avec la ligne de Vie au point de départ. Si elles demeurent jointes assez longtemps, vous manquez peut-être d'assurance. Nettement séparées dès le début, elles peuvent révéler une confiance en soi excessive.

~ ⊙ ~

Une longue ligne de Tête est signe d'intelligence, ainsi que de souplesse et d'ouverture

intellectuelle. Une ligne de Tête courte révèle une personne centrée sur les problèmes quotidiens et pratiques. Nettement dessinée, la ligne de Tête reflète une faculté de

LIGNE DE TÊTE
INCURVÉE VERS LE BAS

LIGNE COURBÉE
Une ligne de Tête recourbée vers le bas suggère nettement un tempérament artistique et créatif ; l'approche des problèmes est probablement plus intuitive et instinctive qu'analytique. Plus la ligne est longue et la courbe prononcée, plus la personne est dénuée de sens pratique.

concentration et de réflexion. Faiblement marquée, elle trahit des problèmes de concentration et des capacités intellectuelles limitées.

～ の ～

Une ligne de Tête droite traduit un esprit analytique, tandis qu'une incisure incurvée indique une approche plus intuitive. Toutes deux peuvent suggérer une orientation professionnelle, soit vers une carrière scientifique (ligne droite), soit vers une carrière artistique (ligne incurvée). Si la ligne de Tête est ponctuée d'une fourche, appelée fourche de l'écrivain, le sujet est doué pour l'écriture créative.

～ の ～

Dans quelques rares cas, la ligne de Tête et la ligne de Cœur, issues de côtés opposés de la paume, se rejoignent et se

confondent en une seule au lieu de former deux incisures distinctes. Ce phénomène, appelé ligne Simienne, montre que le cœur et la tête ne font, littéralement, qu'un. Les personnes pourvues d'une ligne Simienne ont tendance à être sérieuses et dogmatiques, à se concentrer sur une seule chose à la fois. Elles se consacrent tout entières à ce qu'elles entreprennent.

LIGNE DE TÊTE DROITE

LIGNE DROITE
Une ligne droite, presque horizontale, révèle un esprit rationnel et logique ; le sujet est plus pratique qu'imaginatif. Une ligne de Tête courte indique que l'on préfère s'attacher à un sujet précis plutôt que de se partager entre plusieurs centres d'intérêt.

LA LIGNE DE LA DESTINÉE

LA LIGNE DE LA DESTINÉE PARCOURT LE MILIEU
DE LA PAUME DE HAUT EN BAS. ELLE PART
DÈS RASCETTES – OU BRACELETS DU POIGNET –
VERS LES MONTS DES DOIGTS. ELLE REFLÈTE L'EFFET
DES INFLUENCES EXTÉRIEURES SUR VOTRE VIE.

C ontrairement à ce que l'on pourrait croire, la ligne de la Destinée ne prédétermine pas le destin, et ne permet pas de prédire des événements futurs précis. Vous resterez toujours l'artisan de votre sort et l'unique responsable de votre vie. Toutefois, votre parcours reste soumis à de nombreuses influences, dont certaines peuvent avoir un effet déterminant. C'est l'impact de ces influences que reflète la ligne de la Destinée. Certains consultants

n'ont pas de ligne de la Destinée. La plupart des chiromanciens en déduisent qu'ils sont maîtres de leur destinée, ou bien qu'ils suivent simplement le cours de la vie. Au vu de votre ligne de la Destinée, le spécialiste peut

LONGUE LIGNE DE LA DESTINÉE, ALLANT DES BRACELETS VERS LES LIGNES DE TÊTE ET DE CŒUR

LONGUE LIGNE DE LA DESTINÉE
Cette ligne de la Destinée part des rascettes et remonte vers les lignes de Tête et de Cœur. Elle indique des succès personnels précoces et une certaine impatience dans la réalisation des projets.

voir si vous êtes épanoui ou frustré par l'évolution de votre vie. Elle peut aussi permettre de jauger votre succès au regard de vos ambitions personnelles.

~ ⑨ ~

Les différences entre les lignes de la Destinée de la main passive et de la main dominante (*voir « Main droite et main gauche », pages 12-13*) peuvent indiquer le degré de développement de votre potentiel. Une ligne de la Destinée fortement marquée révèle que vous êtes maître de votre destin, tandis qu'une ligne faible montre un manque de contrôle.

~ ⑨ ~

Confondue avec la ligne de Vie au début, la ligne de la Destinée exprime l'union de la cellule familiale durant l'enfance. Si elle aboutit sur le mont de Jupiter, elle annonce l'accession à une position très influente. Si elle s'interrompt sur le mont

d'Apollon, elle indique un succès dans le domaine artistique, et, sur le mont de Mercure, elle révèle la réussite en affaires. Divisée en plusieurs ramifications se dirigeant vers différents monts, elle est d'excellent augure. Les cassures de la ligne de la Destinée traduisent des interruptions dans votre carrière. Si les tronçons se chevauchent, la transition s'effectuera en douceur.

LIGNE DE LA DESTINÉE COURTE, COMMENÇANT HAUT DANS LA MAIN

LIGNE DE LA DESTINÉE COURTE

Le point de départ de la ligne de la Destinée révèle le moment où vous prenez votre indépendance et devenez maître de votre destin. Ci-contre, une ligne courte et débutant haut sur la paume, reflétant un développement tardif dans la vie.

AUTRES LIGNES

LA PAUME DE LA MAIN EST SILLONNÉE
DE BIEN D'AUTRES LIGNES, FOURNISSANT
UNE FOULE DE DÉTAILS AU CHIROMANCIEN
AVERTI. TOUTEFOIS, TOUTES LES MAINS
NE POSSÈDENT PAS TOUTES LES LIGNES,
ET CERTAINES SONT DIFFICILES À IDENTIFIER.

La, les deux ou les trois lignes, qui entourent le poignet à la base de la main sont appelées rascettes ou bracelets. Elles sont traditionnellement considérées comme des signes de chance et de bonne santé. Toutefois, une boucle en hauteur sur le bracelet supérieur d'une femme annonce d'éventuels problèmes gynécologiques.

L'anneau de Vénus est une ligne semi-circulaire en haut de la paume, dont une extrémité se situe entre l'index et le majeur, et l'autre entre l'annulaire et l'auriculaire.

L'anneau de Vénus dénote une nature passionnée, mais pas forcément sur le plan sexuel. Si votre main présente un anneau de Vénus, vous avez des opinions

ANNEAU DE VÉNUS

LIGNE D'APOLLON
Également connue sous les noms de ligne du Soleil, ligne du Succès ou ligne de la Renommée, cette ligne verticale aboutit à l'annulaire. Elle est souvent faiblement dessinée ou absente. La ligne d'Apollon indique la réussite et l'accomplissement.

LIGNE D'APOLLON

36

très prononcées sur certaines questions, êtes sujet aux tensions nerveuses, et vous vous excitez facilement.

~ⓞ~

La ligne du Mariage, ou ligne des Relations, se trouve sur le côté de la percussion, juste sous le petit doigt. Le nombre de lignes était autrefois censé représenter le nombre de mariages d'une personne. Aujourd'hui,

on l'interprète comme le nombre de relations durables. Les petites ramifications partant vers le haut sont de bon augure, tandis que les embranchements descendants ont tendance à annoncer des problèmes.

~ⓞ~

La ligne, ou l'arc, de l'Intuition naît sur le mont Lunaire, sur la percussion, et s'incurve vers le centre de la paume. Elle est considérée comme un indice de compréhension ou de talents psychologiques. Plus elle est profonde et nette, plus vous êtes intuitif et psychologue. Si tant est qu'elle soit présente, cette ligne est souvent fragmentée.

LIGNE DE SANTÉ

LIGNE D'INTUITION

BRACELETS

LIGNE DE SANTÉ

Également connue sous les noms de ligne de Mercure, ligne Hépatique ou ligne du Foie, elle prend, en général, naissance sur la ligne de Vie ou sur un des côtés de cette dernière, puis remonte en diagonale vers le petit doigt. Seuls les chiromanciens avertis peuvent décider si cette ligne présente un aspect particulier lié à la santé, aux affaires, à la communication ou aux arts.

AUTRES SIGNES
DE LA PAUME

OUTRE LA LONGUEUR, LA PROFONDEUR, LA VIGUEUR
ET L'ÉTAT DES INCISURES DE LA PAUME,
IL EXISTE D'AUTRES SIGNES SUSCEPTIBLES DE FOURNIR
DES INFORMATIONS PRÉCIEUSES AU CHIROMANCIEN AVERTI.

Une ligne craquelée indique un affaiblissement. Si les irrégularités se situent à l'extrémité, elles peuvent figurer le déclin de la vieillesse. Une cassure révèle une interruption. Une rupture dans la ligne de la Destinée et

CHAÎNES
Un tronçon de ligne prenant l'apparence d'une suite de maillons indique une faiblesse ou une confusion. Le phénomène est courant au début de la ligne de Vie, où il peut figurer les maladies infantiles. Sur la ligne de Cœur, les chaînes peuvent signifier des troubles de la circulation.

de la Carrière peut indiquer un revirement dans votre vie professionnelle. En revanche, une rupture dans la ligne de Vie reflète probablement un traumatisme, comme une grave maladie ou un accident.

Une extrémité fourchue est un signe positif. Une ligne commençant par une fourche suggère une faculté d'adaptation, tandis

ÎLES

CHAÎNES

RUPTURES

qu'une ligne de Cœur fourchue indique une affectivité complexe, mais aussi une personnalité équilibrée sur le plan affectif. Les petites ramifications ou les éperons partant des lignes de Cœur et de Tête vers le haut sont de bon augure. En revanche, ils ne présagent rien de bon s'ils se dirigent vers le bas. Les ramifications peuvent détourner l'énergie de la ligne ou l'étendre à d'autres sphères de votre vie ; il convient de considérer d'autres facteurs pour se prononcer. En général,

les îles affaiblissent le pouvoir de la ligne en le divisant provisoirement en deux.
Une étoile correspond à un choc – une rupture amoureuse inattendue, ou une maladie subite – selon la ligne sur laquelle elle se trouve. Une étoile sur un mont est de bon augure pour l'aspect de votre vie symbolisé par le mont. Une croix sur une ligne n'annonce rien de bon. Un carré sur une ligne indique une protection, mais la protection peut aussi s'avérer sclérosante. Les triangles sur les monts peuvent être signe de chance, mais aussi de satisfaction, dans le domaine symbolisé par le mont.

CERCLE

CARRÉ

ÉTOILE

CROIX

BARRES
Une barre venant couper une ligne signale en général un obstacle, peut-être dans la carrière ou avec une relation, ou encore un problème de santé, selon la ligne sur laquelle elle intervient.

FOURCHE

BARRES

DOMAINE RELATIONNEL

LA TEXTURE DE VOTRE MAIN,
LA POSITION DE VOS DOIGTS ET DU POUCE,
LA PROÉMINENCE DES MONTS ET LES DÉTAILS
DES LIGNES DE LA PAUME S'ALLIENT
POUR RÉVÉLER VOTRE APPROCHE DE L'AUTRE
DANS LE CADRE D'UNE RELATION AFFECTIVE INTIME.

Une main souple appartient en général à une personne d'abord facile, tandis qu'une main raide suggère une nature rigide, plus exposée aux problèmes relationnels. À la forme de vos ongles, on voit si vous êtes enclin à vous montrer excessivement critique à l'égard des erreurs des autres.

~ ⦾ ~

L'angle décrit par le pouce et la main dénote le refoulement ou l'inhibition. Un angle fermé révèle une attitude puritaine, tandis qu'un grand angle est synonyme d'ouverture d'esprit. Si le majeur et l'annulaire sont rapprochés, vous êtes enclin aux contacts physiques.

~ ⦾ ~

Un mont de Vénus bien développé reflète une profonde sensualité, se muant en hédonisme s'il est trop potelé. De

LIGNE
DU MARIAGE

LA LIGNE DE
CŒUR ABOUTIT
SUR L'INDEX,
INDIQUANT
UN BESOIN DE
PRENDRE
L'INITIATIVE
DANS LE DOMAINE
RELATIONNEL

UN PETIT
MONT DE VÉNUS
TRADUIT UN
MANQUE DE
SENSUALITÉ

une préférence pour la passivité ou la soumission. Bien prononcée, elle révèle une certaine confiance en soi dans le domaine affectif, tandis que, faiblement marquée, elle signale des difficultés potentielles à nouer des relations.

~ ○ ~

La ligne traditionnelle du Mariage, également connue sous le nom de ligne des Relations, figure les relations profondes, pas nécessairement de nature sexuelle. Plus la ligne est profonde et nette, plus la relation est intense.

même, une ligne de Cœur incurvée vers le haut indique un goût de l'amour physique. Courte, une ligne de Cœur trahit un penchant à la domination dans le domaine sexuel ; droite, elle indique

LIGNE DU MARIAGE

LA LIGNE DE CŒUR ABOUTIT SUR LE MONT DE JUPITER, SUGGÉRANT UNE CERTAINE FIERTÉ DANS LE DOMAINE RELATIONNEL

MONT DE VÉNUS GRAND ET BIEN ARRONDI, DÉNOTANT UNE APPROCHE SAINE DE LA SEXUALITÉ

CARRIÈRE ET SUCCÈS

VOS MAINS PEUVENT RÉVÉLER DIVERSES QUALITÉS :
SENS PRATIQUE, DÉTERMINATION, AMBITION,
INDÉPENDANCE, ESPRIT DE RÉBELLION ET D'INITIATIVE.
CES TRAITS DE CARACTÈRE AFFECTERONT
LE CHOIX DE VOTRE CARRIÈRE, VOS RÉUSSITES,
ET DONC VOTRE ÉPANOUISSEMENT PERSONNEL.

Le tracé des lignes de la main ne destine pas obligatoirement à une carrière spécifique. La fourche de l'écrivain, par exemple, se retrouve chez de nombreux hommes de lettres, mais certaines personnes possédant cette caractéristique peuvent bien avoir choisi d'exprimer leur créativité autrement.

Les monts sont à même d'indiquer une orientation professionnelle. Le mont de Jupiter correspond à des qualités de dirigeant.

Une ligne de la Destinée aboutissant à cet endroit est signe d'ambition. Si elle se termine sur le mont d'Apollon, c'est signe de réussite dans le domaine artistique. Finissant sur le mont de Mercure, elle annonce des prouesses en affaires. Si la ligne de la Destinée se ramifie vers plusieurs monts, plusieurs perspectives

LIGNE DE TÊTE INCURVÉE

FOURCHE DE L'ÉCRIVAIN

LIGNE DE LA DESTINÉE FRAGMENTÉE, AU DÉBUT, SUR LE MONT LUNAIRE

s'offrent à vous. Un mont de Mercure bien développé suggère une carrière dans l'enseignement, tandis qu'un mont Lunaire oriente vers les professions sociales. Nettement dessinée, la ligne d'Apollon annonce une réussite dans une profession créative. Une cassure dans les lignes de la Destinée et de la Carrière annonce un changement professionnel radical. Des doigts longs indiquent un don pour les travaux méticuleux, tandis que des doigts courts suggèrent une aptitude aux décisions rapides.

LIGNE DE TÊTE DROITE

LIGNE DE LA DESTINÉE DROITE, VERTICALE ET CONTINUE

SANTÉ

LA COULEUR ET LA TEXTURE DE VOS MAINS, AINSI QUE LES
LIGNES DE LA PAUME, PEUVENT INDIQUER DES POINTS
SENSIBLES DANS LE DOMAINE DE LA SANTÉ. CEPENDANT,
UN SEUL INDICE NE PEUT JAMAIS ÊTRE INTERPRÉTÉ
COMME LA PREUVE D'UNE MALADIE POTENTIELLE.

L a ligne de Vie peut constituer une sorte de « dossier médical ». Un chiromancien pourra y déceler les maladies et les accidents dont vous avez souffert à certaines époques de votre vie. Les problèmes respiratoires pendant l'enfance, par exemple, apparaissent souvent sous la forme d'une chaîne au début de la ligne de Vie. Les barres sur la ligne de Vie peuvent indiquer un obstacle, une maladie ou un accident.

~∽~

Les ruptures et les îles sur la ligne de Tête peuvent traduire une tension nerveuse, des problèmes mentaux ou même des blessures à la tête. Des chaînes et des îles sur la ligne de Cœur indiquent en général des problèmes cardiaques et circulatoires. La couleur des ongles peut

ÎLE SUR LA LIGNE
DE TÊTE,
SOUS LE MAJEUR

ÎLES AU MILIEU
DE LA LIGNE DE VIE

alimentation ; des ongles bleuâtres reflètent en général des problèmes de circulation ; des ongles jaunâtres doivent attirer l'attention sur des problèmes hépatiques.

La tension nerveuse et le manque de calcium se manifestent par des petits points blancs sur les ongles. Les stries longitudinales sont aussi un effet du stress, de même que les barres et les îles sur les lignes de la main. Une fois la pression retombée, les indices sur la main ont tendance à s'effacer.

s'avérer un bon indicateur de divers problèmes de santé. Des ongles très rouges peuvent signaler de l'hypertension ; des ongles pâles révèlent une mauvaise

CHAÎNES AU DÉBUT DE LA LIGNE DE VIE

PLUSIEURS ÎLES SUR LA LIGNE DE CŒUR

LIRE LES LIGNES
DE LA MAIN

LE CHIROMANCIEN S'INTÉRESSE À L'ENSEMBLE DE LA MAIN,
PAS SEULEMENT AUX INCISURES DE LA PAUME. LA FORCE
DE CARACTÈRE, PAR EXEMPLE, APPARAÎT À LA FERMETÉ
DE LA MAIN ET À LA VIGUEUR DE LA POIGNÉE DE MAIN.

COCLÈS ET LA CHIROMANCIE
*Cette gravure, extraite d'un livre de chiromancie
du XVIᵉ siècle, représente le chiromancien
Barthélémy Coclès lisant les lignes de la main.*

Tout d'abord, examiner la forme de la main. Comparer la longueur des doigts et celle de la paume pour déterminer le type de personnalité du consultant. Observer les monts ; sont-ils charnus ou plats, fermes ou mous ? La texture et la couleur de la peau, ainsi que l'aspect des ongles peuvent refléter l'état de santé général.

Il est souvent plus compliqué de « dater les lignes ». Les lignes de Vie et de Tête commencent sur la tranche de la main, entre l'index et le pouce, la ligne de la Destinée naît près du poignet, et la ligne de Cœur commence sur la percussion. Pour « dater les lignes », il faut compter environ 1 mm par an, mais estimer 3 cm pour la période 35-55 ans. La ligne de la Destinée peut débuter à différentes hauteurs sur la paume. Pour la mesurer, tracer une ligne verticale du bracelet supérieur jusqu'au pli à la base du majeur : le milieu correspond à 35 ans. Certains chiromanciens partent du centre de la ligne de Vie, qui correspond à 35 ans, puis calculent de part et d'autre de ce point.

PEINTURE ET CHIROMANCIE
Le Caravage (1573-1610) est l'auteur présumé de ce tableau représentant une séance de chiromancie, La Buona Ventura (La Diseuse de bonne aventure) *v. 1594.*

Il convient de faire preuve de tact à l'égard du consultant. Si vous détectez des indices de maladie grave, conseillez-lui de consulter un médecin, plutôt que de l'inquiéter.

INTERPRÉTATION
DES LIGNES DE LA MAIN 1

LA MAIN DROITE DE CE JEUNE HOMME DE 28 ANS PRÉSENTE
UNE LIGNE DE CŒUR ET UNE LIGNE DE TÊTE QUI SE
CONFONDENT EN UNE LIGNE SIMIENNE. ALLIÉ AUX AUTRES
INCISURES, CELA RÉVÈLE UNE NATURE COMPLEXE.

L a ligne Simienne indique que ce jeune homme a toujours des difficultés à prendre des décisions. Sa ligne de Tête, orientée vers le bas, reflète des problèmes de concentration qui lui occasionnent même des périodes de dépression. Toutefois, il devrait avoir une plus grande

confiance en ses excellentes capacités intellectuelles : on note un anneau de Vénus très prononcé. Le consultant est donc un perfectionniste, pouvant pécher par excès de rigidité dans la façon dont il mène sa vie. Cela se traduit souvent par une attitude

ANNEAU DE
VÉNUS
PRONONCÉ

CROIX
MYSTIQUE

LIGNE
DE TÊTE
LÉGÈREMENT
FOURCHUE

BRACELET
SUPÉRIEUR
DÉCRIVANT UNE
BOUCLE VERS LE
HAUT, RÉVÉLANT
UN SENS DES
RESPONSABILITÉS
DÈS L'ENFANCE

intolérante. Il se plaît dans la routine et se sent déstabilisé par le changement. Il se peut qu'il s'appuie sur une autre personne, mais il n'aime pas s'entendre dire ce qu'il a à faire.

~ 9 ~

La forme de sa main montre qu'il est ambitieux et qu'il réussira. Bien que de nature placide, il n'oublie jamais une injustice, notamment si elle concerne autrui. Il est capable de s'engager pour une cause, et nourrit une profonde répulsion à l'égard de la violence. Il a tendance à se surmener, ce qui peut lui jouer bien des tours. Très sensible, il aime à s'entourer de

belles choses, mais seulement si elles restent dans ses moyens. Intuitif, il est aussi psychologue, comme le montre la croix Mystique sur sa main gauche. Une profonde ligne Psychique (parallèle à la ligne de la Destinée), suggère un don de guérison, mais qui ne se développera qu'avec l'âge.

~ 9 ~

Sa ligne de Tête présente une petite fourche, signe de ses talents d'écrivain. Il est actuellement frustré de ne pas pouvoir exploiter sa créativité. Dans l'idéal, il devrait la mettre au service d'un travail portant sur les couleurs et les textures.

49

DOUBLE LIGNE DE VIE, SIGNE DE PROTECTION

LIGNE SIMIENNE

LIGNE PSYCHIQUE, LONGUE ET PROFONDE

INTERPRÉTATION DES LIGNES DE LA MAIN 2

LES MAINS DE CETTE JEUNE FEMME DE 33 ANS
RÉVÈLENT UNE TENDANCE À SE SURMENER.
LE CHIROMANCIEN LUI SUGGÉRERA DE MÉNAGER
SA SANTÉ EN PRENANT BEAUCOUP PLUS DE TEMPS
POUR SE DÉTENDRE ET SE REPOSER.

L ongue et continue, la ligne de Tête démontre que la jeune femme assume trop de responsabilités pour les autres, ce qui explique la fatigue excessive à l'origine de ses maux de tête. Très sensible, elle a besoin de stabilité.

Les nombreuses ruptures dans sa ligne de Cœur confirment qu'au premier signe de fatigue elle devrait simplement se reposer.

Les volutes du mont de l'index révèlent que la consultante

LIGNE DE
VIE EN
PARTIE
DÉDOUBLÉE

RUPTURES
DANS LA LIGNE
DE CŒUR

LIGNE DE TÊTE
LONGUE ET
CONTINUE

sera de plus en plus exposée aux problèmes de tension en vieillissant. Apparemment calme, elle est capable de bouillir intérieurement, notamment si l'on essaye de faire pression sur elle. Elle aborde toutefois la vie avec philosophie.

Sa ligne de Vie, en partie dédoublée, démontre qu'elle bénéficie d'une protection considérable dès qu'elle en a besoin. La ligne de cassure entre la ligne de Vie et la ligne de Tête indique qu'elle a rompu avec la cellule familiale.

~ ๑ ~

En amour, elle se montre passionnée et loyale. Ses futures relations auront plutôt tendance à se fonder sur une amitié intime que sur la passion sexuelle.

~ ๑ ~

Ses doigts sont striés, à l'exception de l'index, ce qui signale que, même si elle apprécie de s'entourer de beaux objets, elle ne les considère jamais comme essentiels.

~ ๑ ~

Des lignes dénotant la créativité croisent les lignes liées aux enfants, entre le petit doigt et l'annulaire, ce qui indique qu'elle s'épanouira à travers la création à l'attention des enfants.

LIGNE DE RUPTURE ENTRE LA LIGNE DE TÊTE ET LA LIGNE DE VIE

MONT LUNAIRE TRÈS DÉVELOPPÉ, SIGNE DE CLAIRVOYANCE ET DE TALENTS PSYCHOLOGIQUES

PETITE CROIX SUR LA LIGNE DE LA DESTINÉE : LA CONSULTANTE TRAVAILLE BEAUCOUP POUR GAGNER SA VIE

INTERPRÉTATION DES LIGNES DE LA MAIN 3

LES MAINS DE CET HOMME DE 39 ANS REFLÈTENT
SES RELATIONS, SES TENSIONS PERSONNELLES,
AINSI QUE SES BESOINS ET PROBLÈMES AFFECTIFS.
IL A TENDANCE À REFOULER SES ÉMOTIONS ALORS
QU'IL GAGNERAIT BEAUCOUP À LES EXPRIMER.

Au vu de l'ensemble des informations fournies par les lignes de la main de cet homme, il apparaît qu'il s'est endurci et aguerri au fil du temps. Dans sa jeunesse, il était très tolérant. Cependant, il avait l'impression que son entourage profitait de lui, ce qui l'a incité à se montrer plus résolu.

Notre homme est un perfectionniste, doué de talents créatifs ne demandant qu'à

LIGNE DE
LA DESTINÉE
PARTICULIÈREMENT
PROFONDE
AU DÉBUT

LIGNES
DU TRAVAIL

s'exprimer. Assez à l'aise en société, il manque d'assurance. Il lui faut du temps pour nouer des amitiés, mais, une fois les liens établis, ils dureront toute la vie. Il réagit parfois de façon excessivement sensible aux sentiments d'autrui.

~ ∅ ~

Sa ligne de Cœur se distingue par de nombreuses îles et chaînes. Nous en déduisons que ses relations affectives sont difficiles et houleuses. Plusieurs lignes partent de la ligne de Cœur vers le bas, révélant que la décision d'interrompre la liaison vient souvent du partenaire, et reflétant la douleur du consultant à la suite de ces ruptures. La ligne du Mariage, ou des Relations, située sur la percussion, juste au-dessous du petit doigt, révèle une relation de 13 ans avec une personne issue de son milieu professionnel, mais qui n'a pas abouti. Sa ligne de Carrière est incurvée vers le bas et rejoint la ligne des Relations, ce qui montre qu'il a souffert de la rupture.

~ ∅ ~

Les lignes de Tête et de Cœur sont pourvues de croix, reflétant de nombreux déboires sentimentaux ; sa carrière et toutes les autres sphères de sa vie sont aussi marquées du sceau de la souffrance.

NOMBREUSES ÎLES SUR LA LIGNE DE CŒUR

CHAÎNES SUR LA LIGNE DE VIE

CROIX ENTRE LES LIGNES DE TÊTE ET DE CŒUR

INTERPRÉTATION DES LIGNES DE LA MAIN 4

LES MAINS DE CETTE FEMME DE 35 ANS
TRAHISSENT LA TENSION ET L'INSATISFACTION :
LES LIGNES S'ACCUMULENT AU CREUX DE SA PAUME.
SA PERSONNALITÉ INSTABLE PEUT L'INCITER
À ABANDONNER SON MODE DE VIE ACTUELLE.

Enfant, la consultante était déjà très indépendante. Très émotive, elle possède un fort ego et mène sa vie comme elle l'entend, ce qui apparaît en comparant les lignes de la Destinée des deux mains. Sur la main gauche (elle est droitière), on distingue une fine ligne, indiquant qu'elle a toujours voulu être indépendante. Sa main droite présente une ligne de la Destinée pratiquement dédoublée, signe d'un ego très développé, guidé par l'intellect.

ACCUMULATION DE LIGNES

PETIT DOIGT DIVERGEANT, SIGN D'INDÉPENDANCE

CROIX DE LA CHANCE AU CENTRE DE LA PAUME

Les différences entre les deux mains montrent que ses parents étaient beaucoup plus prudents qu'elle. Elle mène sa vie en réaction à cette circonspection : les barres qui traversent sa ligne de Vie montrent qu'elle adore prendre des risques et vivre dangereusement.

~ ⁕ ~

Cette femme perfectionniste est aussi déterminée. Toutefois, la vie ne lui permet pas, et ne permet pas à son entourage, de se montrer à la hauteur de ses idéaux, ce qui risque de compliquer ses relations affectives. Celles-ci ont d'ailleurs tendance à être houleuses puis à s'interrompre brutalement. Bien qu'elle travaille dans un domaine qui lui convient, elle n'est pas satisfaite de sa vie. Cette conclusion apparaît au vu des nombreuses ruptures dans sa ligne de la Destinée. Elle ressent un fort besoin de se déraciner, et ne trouvera pas la sérénité avant d'avoir franchi ce pas – et elle le franchira inévitablement car elle s'y sent contrainte, comme l'indique la comparaison entre sa ligne de Cœur et sa ligne de Vie, qui se rejoignent. Son insatisfaction va grandir jusqu'au moment où son envie de changement la poussera enfin à rompre avec sa vie actuelle.

FOURCHE
DANS LA LIGNE
DE LA
DESTINÉE

CASSURES
SUR LA LIGNE
DE LA DESTINÉE

LIGNE
DE LA DESTINÉE
TRÈS PRONONCÉE

RUPTURE
DANS LA LIGNE
DE VIE

INTERPRÉTATION
DES LIGNES DE LA MAIN 5

LES MAINS DE CET HOMME DE 35 ANS MONTRENT QU'IL
MANQUE DE CONFIANCE EN SES CAPACITÉS, ET CHERCHE
SANS CESSE À SE SURPASSER. LA FERMETÉ ET LA FORCE
PHYSIQUE DE SA MAIN RÉVÈLENT UN INTÉRÊT POUR LE
SPORT ET, ÉVENTUELLEMENT, LA SCULPTURE.

Les lignes profondes de la paume de la main de cet homme révèlent qu'il est plutôt attiré par ce qui est grand et difficile que par ce qui est insignifiant. Ses exigences personnelles sont très élevées. Bien qu'en général il parvienne à les satisfaire, il devrait se montrer plus souple de temps à autre. S'il nourrit une fausse image de lui-même, c'est qu'il n'a pas été encouragé durant sa scolarité. Il craint toujours de ne pas être à la hauteur, ce qui l'incite à se surmener.

LIGNES
DU TRAVAIL

LIGNE
DE VIE
TRÈS LONGUE

La hauteur de son annulaire, comparée à celle de son petit doigt, dénote un talent musical. Il possède également des dons artistiques, qu'il considère comme trop précieux pour être compromis. Ses monts, en général signes d'un penchant pour la sensibilité et la beauté, sont très hauts. Nous en déduisons que la sensibilité et la beauté sont des dominantes de sa vie, et qu'il est certain de ses objectifs dans ce domaine.

～ ⊙ ～

Sa ligne de Vie est très longue et en partie dédoublée, ce qui permet de conclure qu'il bénéficie d'une

protection considérable dans la vie lorsqu'il en a besoin. Les deux lignes du Travail, juste sous l'annulaire, montrent qu'il a la chance de pouvoir choisir entre deux carrières, qu'il est capable de mener avec autant de succès.

～ ⊙ ～

La force de la prise du consultant sur les doigts du chiromancien est égale pour les deux mains. Cela révèle qu'il est chanceux dans le domaine professionnel, où il a la possibilité d'exprimer pleinement ses dons créatifs. Il possède de remarquables talents d'enseignant, qui pourraient l'amener à former et à aider les autres dans un domaine créatif.

ANNULAIRE TRÈS LONG

LIGNES PROFONDES, AUX BORDS ANGULEUX

SÉPARATION APPARAISSANT DÈS LE DÉBUT DE LA LIGNE DE VIE, SIGNE D'INDÉPENDANCE DÈS L'ENFANCE

INTERPRÉTATION DES LIGNES DE LA MAIN 6

LES MAINS DE CETTE JEUNE FEMME DE 29 ANS
REFLÈTENT SA PERSONNALITÉ, MAIS ÉGALEMENT
SES RELATIONS AVEC SON ENTOURAGE, Y COMPRIS
SON PARTENAIRE. SA PAUME FOURNIT ÉGALEMENT DES
INDICATIONS SUR SON COMPAGNON ET LEURS RAPPORTS.

L es nombreuses lignes fines qui sillonnent le mont de Vénus indiquent que cette jeune femme est sensible à l'opinion des autres. Elle aime s'intégrer à un groupe, et son entourage apprécie toujours sa compagnie. Comme elle est douée de talents de médiation – elle perçoit bien le pour et le contre d'un problème –, les autres suivent volontiers ses conseils. Bien qu'elle soit d'un abord facile,

**EXTRÉMITÉS
DES DOIGTS
RELEVÉES,
SUGGÉRANT
L'AMOUR
DES BELLES
CHOSES,
DE LA
CAMPAGNE
ET DES
PLANTES**

**PETIT DOIGT
INCURVÉ VERS
L'INTÉRIEUR**

**LIGNES
VERTICALES
SOUS LE MAJEUR
ET L'ANNULAIRE**

**STRIES
DU BRACELET
SUPÉRIEUR,
DÉNOTANT
UN SENS DES
RESPONSABILITÉS
PRÉSENT
DÈS L'ENFANCE**

elle éprouve des difficultés à débattre de sujets graves avec son entourage. En comparant les lignes de ses deux mains, on s'aperçoit immédiatement qu'elle est devenue très ouverte et tolérante par rapport à l'éducation qu'elle a reçue. D'une grande intelligence, elle est toutefois encline à se laisser distraire dès que son attention est attirée ailleurs.

~ ⊙ ~

Cette jeune femme a des problèmes pour se concentrer ; les îles sur sa ligne de Tête indiquent qu'elle se surmène dans plusieurs sphères de sa vie. Cette tendance devrait cependant

s'atténuer avec l'âge. En « datant les lignes », on remarque que sa liaison actuelle a commencé alors qu'elle avait 27 ans. Il semble s'agir d'une relation très forte. Son partenaire a environ deux ans de plus qu'elle, ce qui lui procure une certaine stabilité, exprimée par les croix sous l'index. Son petit doigt biaise vers l'intérieur, ce qui indique qu'elle apprécie d'être considérée comme partie intégrante d'un couple.

~ ⊙ ~

Les deux lignes verticales sous le majeur et l'annulaire révèlent une imagination créative et une grande capacité à agir.

FINES LIGNES
SUR LE MONT DE VÉNUS

ÎLE
SUR LA LIGNE
DE TÊTE

INDEX

RÉALISATION

EDITIONS

PHILIPPINE
PHILIPPE SCALI

Révision et adaptation
Béatrice Grimblat, morphopsychologue et astrologue

Coordination
Catherine Bonifassi, Claude Gentiletti

Correction
Jean-Pierre Coin, Nicolas Krief

Montage PAO
Fabrice Épelboin, Isabelle Vancauwenberge

~ ⊙ ~

Illustrations
Gillie Newman 16, 17, 19, 20, 21, 22, 23, 25, 27 ;
Pelican Graphics 28, 29, 30, 31, 32, 33, 34, 35, 36, 37, 38, 39, 40, 41, 42, 43, 44, 45 ;
Sarah Perkins 4, 5, 7, 18, 19 ; Anna Benjamin.

Photographies
Steve Gorton

Assistante de publication – Martha Swift
Assistante iconographe – Becky Halls et Ingrid Nilsson
Assistant maquettiste – Daniel McCarthy

Mains de :
Angie Adams, Anna Benjamin, Derek Coombes, Ursula Dawson, Jill Fornary,
Candida Frith-Macdonald, Sarah Goodwin, Steve Gorton, Lee Griffiths,
Phil Hunt, Cressida Joyce, Sharon Lucas, Tim Ridley, Kevin Ryan, Tim Scott,
Martha Swift, Alison Verity, Tracey Williams.
L'auteur tient à remercier Tamara de *Mysteries* pour ses interprétations chirographiques.

Crédits photographiques
Abréviations : h en haut ; c au centre ; b en bas ; g gauche ; d droite.
Bridgeman Art Library / Pinacoteca Capitolina,
Palazzo Conservatori, Rome,
The Fortune Teller, Michaelangelo Caravaggio 47c ;
Images Colour Library 10cg, 11h, 46g ;
Mary Evans Picture Library 8cg, 9hd.

61